探秘高速磁浮交通系统

中车青岛四方机车车辆股份有限公司 著

上海科学技术出版社

图书在版编目（CIP）数据

探秘高速磁浮交通系统 / 中车青岛四方机车车辆股份有限公司著. -- 上海：上海科学技术出版社，2023.6
ISBN 978-7-5478-6192-9

Ⅰ. ①探… Ⅱ. ①中… Ⅲ. ①高速铁路－磁浮铁路－交通系统 Ⅳ. ①U237

中国国家版本馆CIP数据核字(2023)第086206号

责任编辑　张毅颖
装帧设计　陈宇思

探秘高速磁浮交通系统
中车青岛四方机车车辆股份有限公司　著

上海世纪出版(集团)有限公司
上海科学技术出版社　出版、发行
(上海市闵行区号景路159弄A座9F-10F)
邮政编码201101　www.sstp.cn
上海盛通时代印刷有限公司印刷
开本 787×1092　1/20　印张 9.5
字数 200千字
2023年6月第1版　2023年6月第1次印刷
ISBN 978-7-5478-6192-9/N·258
定价：68.00元

本书如有缺页、错装或坏损等严重质量问题，请向印刷厂联系调换

本书编委会

主　任

梁建英

副主任

丁叁叁　吴冬华

编委会委员

付善强　张志强　高　明

编写组成员（以姓氏拼音为序）

邓桂美　高信迈　郭海霞　韩伟涛　江守亮
类延霄　李言民　梁　鑫　苗　欣　田　毅
王万静　王云飞　肖　石　徐　跃　虞大联
翟超智　赵艳菊　周　颖

自序

交通,广义上讲,指的是人们思想的交流和空间的联通,并在各个文明中几乎被一致定义为实现信息、物品和人流通的设施与过程。到了近现代,当信息的流通传递被专门定义为通信之后,狭义的交通就变成了人和物品的流通,也就是今天交通的定义。所以,交通的历史和人类的历史一样悠久;人类从狩猎采摘阶段开始,历经农耕文明、工业文明,进入现代文明,交通伴随和促进着文明的发展,并成为每个文明阶段的最重要标志。

交通历经了人/畜力交通、机械化交通、电气化交通等不同阶段。又由于人类活动范围不断扩大,形成了陆路交通、水路交通、空中交通和星际交通等多种交通模式,对应的承载运输使命的载运工具就是畜力车辆、汽车、列车、船舶、飞机、航天器等。其中,陆路交通是人类发端最早,更是发展最充分的交通模式,对人类文明的发展进程至关重要,而轨道交通则是人类智慧在陆路交通领域中极其精彩的篇章。

轨道交通的历史可以追溯到17世纪。当时,英国和德国的矿山等开始使用木材铺设路轨,借以提高车辆的运输效率。18世纪80年代,英国将木轨改为铁轨,马车铁路出现,人们形象地称上面跑的是"马拉小火车"。

随着工业革命的到来,轨道交通列车以令人惊叹的速度不断加速推动人类文明的进程。每一次工业革命,轨道交通列车的速度都会翻一倍。

第一次工业革命,诞生了蒸汽机车,它牵引列车的运营时速最高只有80千米。

第二次工业革命,诞生了内燃机车和电力机车。尤其是电力机车出现后,极大地推动了社会生产力的发展,其运营时速达到160千米。

第三次工业革命,高速铁路横空出世,其列车最高试验运行时速达到惊人的574.8千米,商业运营时速达到350千米。凭借更加快速、安全、便捷的优势,它改变了经济社会版图和人类活动的时空观念。

轨道交通历经畜力、蒸汽动力、内燃动力、电力轮轨阶段，如今发展到磁浮和直线电机驱动阶段，这是一部人类永无止境地追求陆路交通速度的历史；而人类文明也在不断提高的交通速度驱动下加速前行。

未来，轨道交通列车的运行速度将达到多少？

这将由本书的主角——时速600千米高速磁浮列车来回答。

2021年7月20日，具有完全自主知识产权的中国时速600千米高速磁浮交通系统在青岛成功下线。

时速600千米高速磁浮列车是当前可实现的速度最快的地面交通工具，具有高效快捷、安全可靠、运能强大、编组灵活、准点舒适、维护便利、绿色环保等技术优势。

作为国际尖端技术，高速磁浮交通系统是世界轨道交通领域的一大制高点，是全球交通科技竞争的战略高地。在国家层面，高速磁浮交通系统作为前沿关键科技被列入《交通强国建设纲要》，《国家综合立体交通网规划纲要》也提出研究推进高速磁浮通道布局和试验线路建设。

航空、高铁、高速磁浮和城市交通合力搭建起速度梯度层级完善、高效、灵活便捷的多维立体交通架构。当前，中国经济发展带来的商务客流、旅游客流和通勤客流对高速出行的需求日益攀升。作为高速交通的有益补充，高速磁浮列车能够满足多元化出行需求，可用于城市群内的高速通勤化交通、核心城市间的一体化交通和远距离高效连接的走廊化交通，促进区域经济一体化协同发展。

时速600千米高速磁浮交通系统的研制，是科技部"十三五"国家重点研发计划先进轨道交通重点专项课题。项目于2016年10月启

动,历时5年攻关,成功攻克关键核心技术,系统解决了速度提升、复杂环境适应性、核心系统自主化、国产化等难题,实现了系统集成、车辆、牵引供电、运控通信、线路轨道等成套工程化技术的重大突破。

在时速600千米高速磁浮交通系统研制成功的第一时间,科研团队就开始组织策划一本知识性强、趣味横生的科普漫画。在书中,时速600千米高速磁浮列车化身为形象可爱的"高速磁浮小子",生动活泼的科普语言深入浅出地将磁浮导向、直线电机、运控牵引等深奥艰涩的科技内容娓娓道来。

这本科普漫画是中国高速磁浮交通系统科研人员为说好中国创新故事,完美诠释中国速度、中国智慧与中国力量,亮出中国智造名片的一次坚持和一份努力。期冀通过本书,帮助社会大众加深对高速磁浮等新一代轨道交通系统的认知、理解,提高接受度;启发影响读者,特别是勉励青少年热爱科学,立志投身科技创新实践。

前言

人类对速度的追求永无止境。

从农耕时代到历次工业革命，动力由人力、畜力升级到蒸汽机车、内燃机车、电力机车，人类的出行和货物的运输时速从几十千米不断攀升至几百千米。

交通速度的提升，提高了人类的出行效率，加快了交流和贸易，促进了社会经济和科技的快速发展。科技发展—交通提速—经济加速—科技再发展，这一良性闭环始终是人类文明发展的隐形动力源。交通速度的提升，甚至拓展了人类在宇宙中的存在空间。

交通工具多种多样，不同国家根据各自的国土面积、人口数量、资源分布、经济水平、工业水平进行选择、布局。

中国地域辽阔、人口众多，区域经济发展极不平衡。特别是改革开放以后，经济飞速发展、社会快速进步，带动大量人口迁徙，随之带来日益增长的客流、货流和快速通勤需求。因此，中国选择了具有高速、安全、可靠、舒适、准点、运能大、全天候等独特优势的高速轨道交通。

在广袤的大地上，高速轨道交通催生带动了人类历史上从未有过的城市化规模和经济能量。目前，中国已经形成京津冀、长三角、粤港澳大湾区、成渝、长江中游城市群"五极"经济圈。区域经济间的互动协同，进一步带来了对大容量高速交通服务的需求，能不能实现2 000千米范围内4小时通达？

人们呼唤更高速度的大运量绿色交通工具，时速600千米高速磁浮交通系统应运而生。

从技术角度看，高速磁浮列车正是大家所期盼的一种理想的地面交通运输工具，它在运输力强、绿色环保的基础上，与轨道无接触，可规避轮轨磨耗制约；它没有受电弓，能实现最理想的平顺化；它的牵引电机不受到车体的限制，可实现利用率最大化；它的检修维护量极少，维护成本低，全生命周期内经济性好。

从社会角度看,高速磁浮列车作为更高速度的陆地交通工具,可以填补飞机和高铁之间的速度空白,完善中国综合立体交通网,满足国人对高速大容量交通运输的需求。

从产业角度看,中国是目前全世界唯一拥有全部工业门类的国家。通过高速铁路,中国已经建立起完善的轨道交通产业链,时速600千米高速磁浮交通系统就是借助已有成熟的轨道交通产业链和完整的工业体系,实现完全自主化并顺利下线的。

高速磁浮交通系统是一个复杂的大型系统工程,是现代高新技术在交通领域的集大成者,总共涉及83项工业类别,约占整个207项工业中类的五分之二。它具有很强的产业溢出能力,能够拉动高端装备和战略性新兴产业升级,形成具有全球竞争力的战略高科技核心产业集群,对加快建设交通强国、科技强国和制造强国具有重要意义。

我们坚信,在不久的将来,高速磁浮列车可以为大家提供更快、更好的旅行体验,可以再次改变人与时空的关系,帮助人们实现"半日工作、半日诗和远方"的美好愿景。

我们坚信,科技创新、科学普及是实现创新发展的两翼,在科普之路上走的每一小步,都将增益科技之光,烛照未来。

在策划本书时,我们得到了很多支持和帮助。感谢对时速600千米高速磁浮交通系统寄予厚望的各位学界、业界专家;感谢不懈为高速磁浮交通系统事业付出的团队和伙伴们;感谢每一位为使书中内容更易懂、更丰富而绞尽脑汁的同事;感谢每一位指正错误、传授经验的朋友;感谢关心、期待高速磁浮交通系统,或仅对其好奇的人们,你们的目光,赋予了我们无限动力。

特别要感谢你,亲爱的读者,希望这本书能助你获取更多的科学知识,提高你的深度思考能力。

目录

CONTENTS

自序

前言

为什么要发展高速磁浮交通系统　　001

高速磁浮的优点可真多　　015

安静又友好　　033

"电"与"磁"的故事　　045

高速磁浮列车是怎么"浮"起来的　　059

高速磁浮列车"贴地飞行"的秘密　　069

高速磁浮列车的"转弯绝技"　　085

揭秘高速磁浮列车"一场多途"的核心力量　　103

高速磁浮列车这么快，怎么刹车　　121

高速磁浮，高度智能　　137

一起来游历时光隧道　　157

为什么要发展高速磁浮交通系统

发展高速磁浮交通系统是践行国家战略，构建多层次、一体化综合交通网的重要举措。

国家战略

多层次

一体化

2019年,《交通强国建设纲要》《国家综合立体交通网规划纲要》横空出世!

为什么要发展高速磁浮交通系统 005

《交通强国建设纲要》指出,要把握交通"先行官"定位,适度超前,开拓进取。

探秘高速磁浮交通系统

高速磁浮交通系统是安全、便捷、高效、绿色、经济的现代化综合交通体系的重要组成部分。

安全便捷

高效绿色

为什么要发展高速磁浮交通系统

作为一项国际尖端技术,高速磁浮交通系统是世界轨道交通领域的一个制高点。夺得技术制高点,能为国家经济发展打下更坚实的基础。

北京

距离 1318 千米

上海

距离 176 千米

杭州

《国家综合立体交通网规划纲要》研究并推进超大城市间高速磁浮通道布局和试验线路建设。

探秘高速磁浮交通系统

交通工具的每一次速度提升，都改变了人们的生活方式。

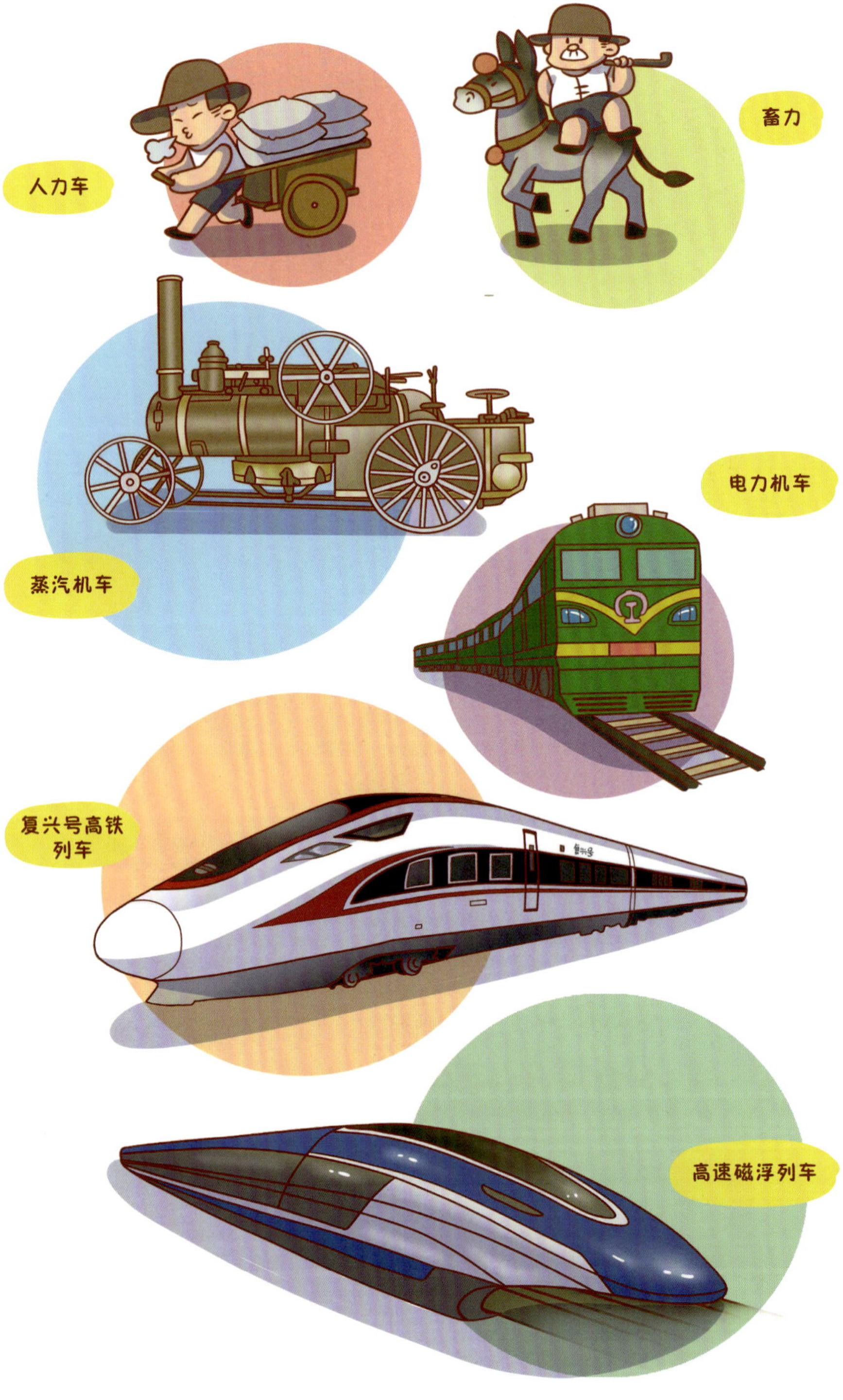

- 人力车
- 畜力
- 蒸汽机车
- 电力机车
- 复兴号高铁列车
- 高速磁浮列车

交通速度提升使时空持续压缩，人们的出行方式更加多元化，出行时间与成本大幅减少。

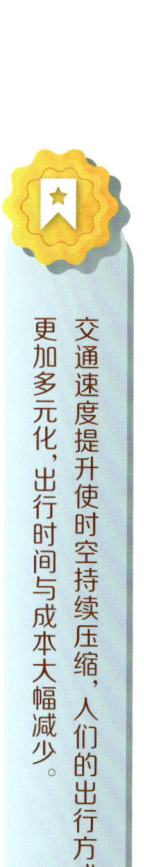

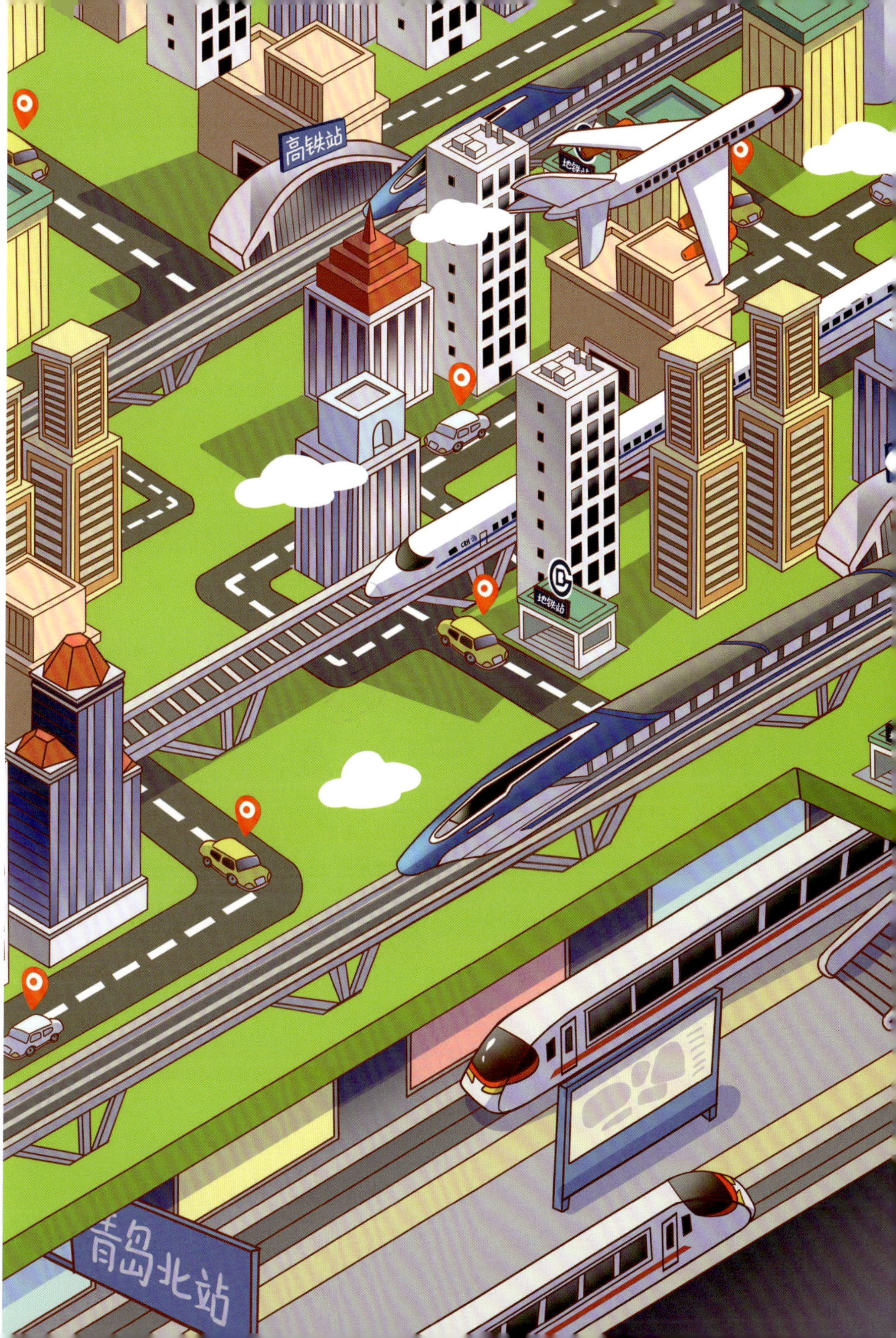

高速磁浮列车与轨道无接触、无摩擦、无旋转件，采用地面牵引，安全可靠，天生具有更高的速度。

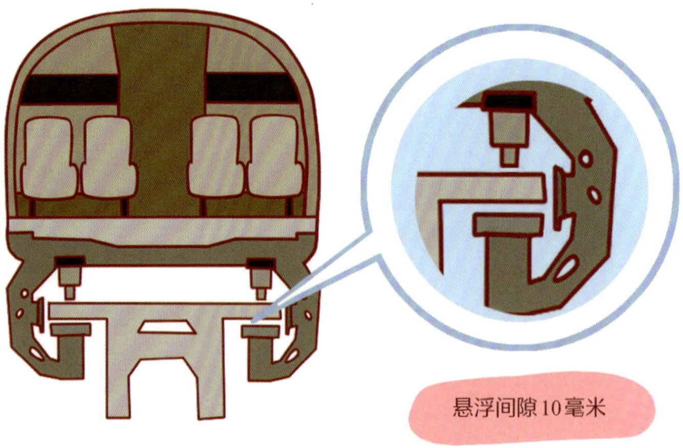

悬浮间隙10毫米

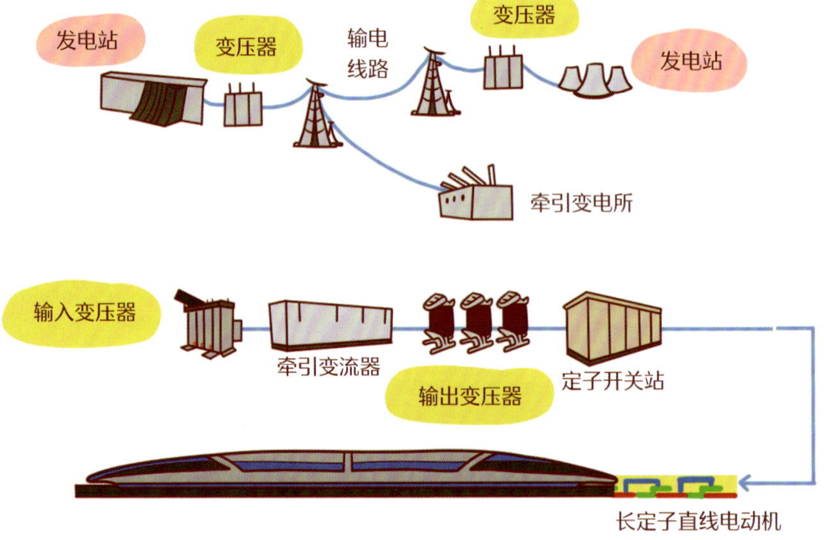

发电站　变压器　输电线路　变压器　发电站

牵引变电所

输入变压器　牵引变流器　输出变压器　定子开关站

长定子直线电动机

高速磁浮牵引供电方式

为什么要发展高速磁浮交通系统

我国国情要求大力发展高速轨道交通。高铁已成为中国创造的典范，"五极"经济圈需要更高速的交通。

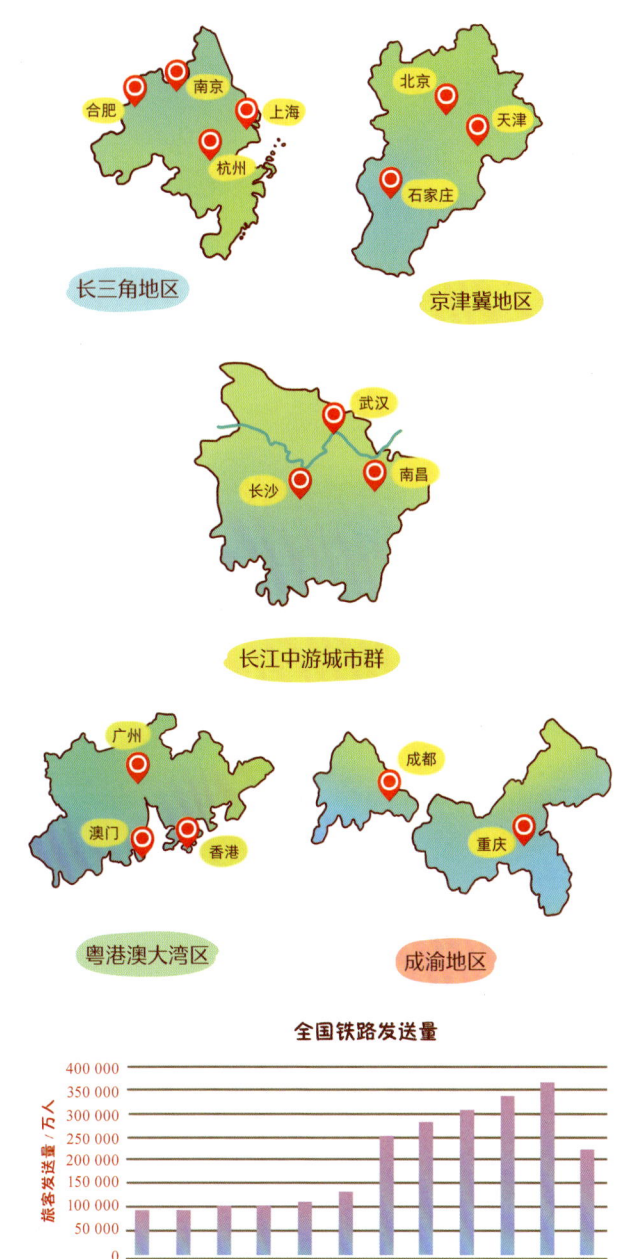

207项工业中类

在我国207项工业中类中,磁浮涉及工业类别达83项。发展高速磁浮,可推动产业升级。

磁浮涉及工业类别达83项

 发展高速磁浮是我国经济发展宏观战略的重要基础和城市建设发展的必然选择。

高速磁浮的优点可真多

与此同时,一个年轻人正在悠闲地享受下午茶……

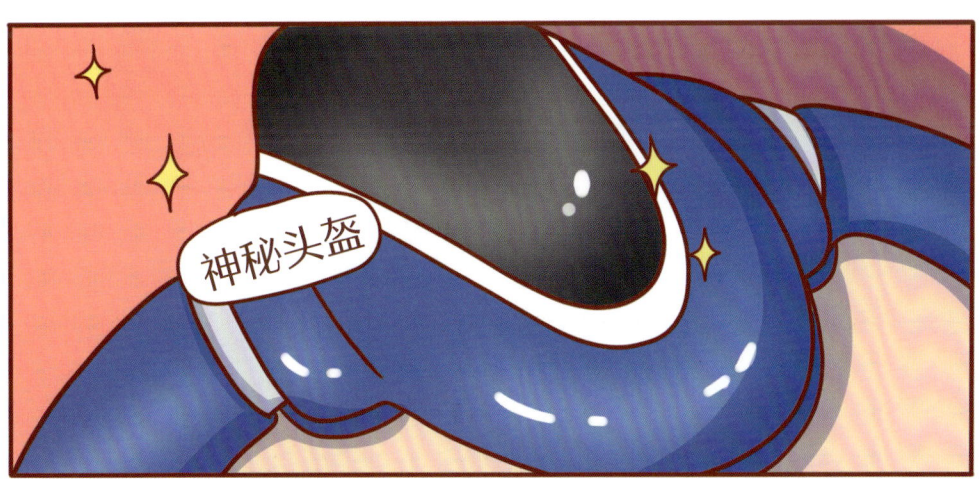

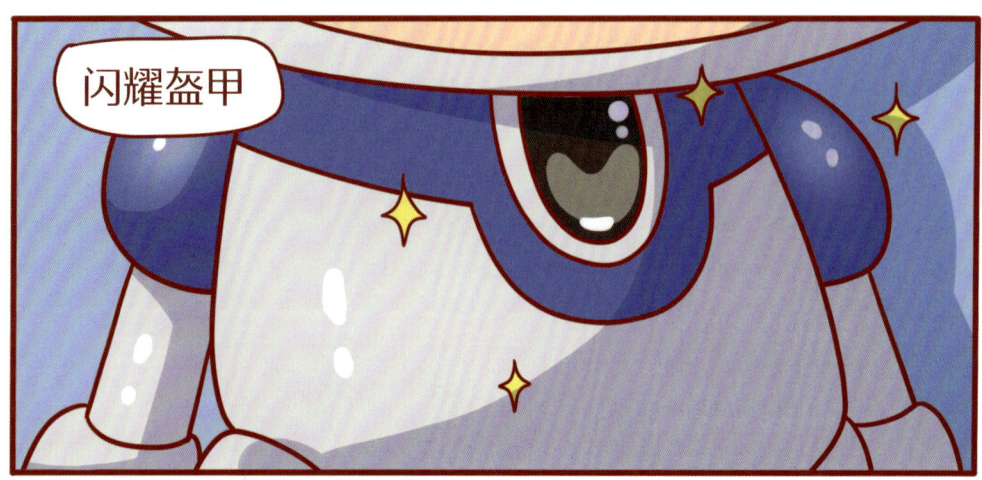

高速磁浮的优点可真多

高速磁浮的优点可真多

从古至今，速度一直是人类社会文明进步的重要表征！

高速磁浮的优点可真多

终于可以实现上午在北京吃炸酱面,下午在上海喝咖啡了!

高速磁浮这么便捷,我们不用再异地恋了!

距离1810千米

亲爱的!

高速磁浮的优点可真多

旅行也更加方便了,下午下班去西湖散步,晚上已经躺在上海家里的大床上了!

高速磁浮对沿线地区经济发展起到推进及均衡作用。

有句话不知当讲不当讲,这么快的速度,车厢会不会很晃啊?

列车悬浮力来源于车辆悬浮电磁铁与轨道功能件之间的电磁吸力。

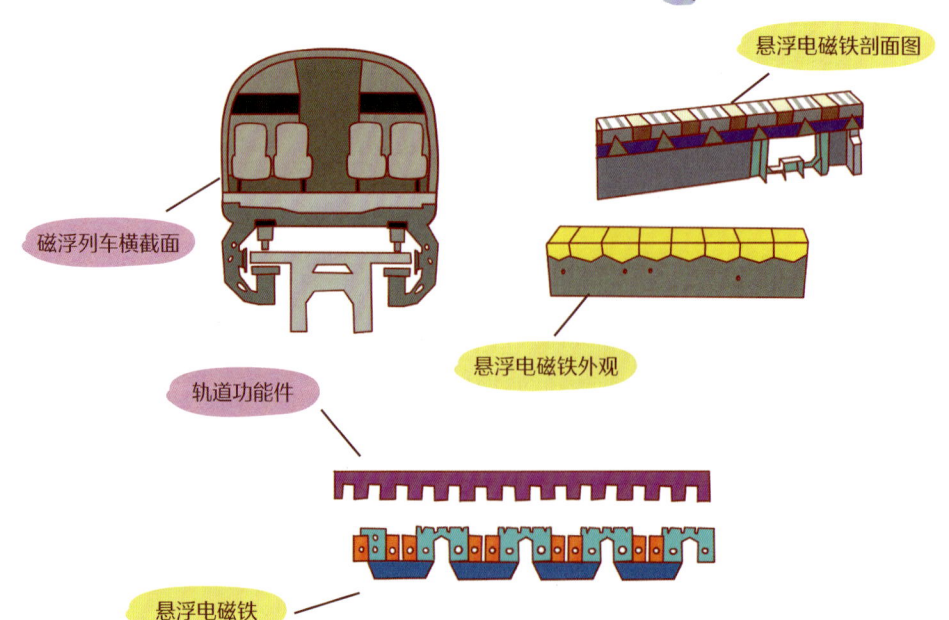

磁浮列车横截面

悬浮电磁铁剖面图

悬浮电磁铁外观

轨道功能件

悬浮电磁铁

高速磁浮的优点可真多

与传统轮轨列车不同，高速磁浮列车环抱着轨道。

磁浮列车与轨道并不是紧密接触的，电磁力作用之后，列车与轨道之间有着一定的距离。

原来如此！

我安全舒适，与轨道是好拍档。

我们从来没有半点摩擦。所以嘛，列车震动小，舒适性也很好！

初中一年级时,你跟着爸妈一起乘着我去旅行,等你大学毕业回到家乡,见到的还是那个我!怎么样,是不是很棒!

必须的!

真是太棒了!

安静又友好

地球上，几乎所有的物体都时刻不停地向外发射电磁辐射。

我们在日常生活中使用的各类家电都有电磁辐射。

磁浮列车与其他轨道交通车辆的磁场水平相当,均执行电磁辐射国际标准。

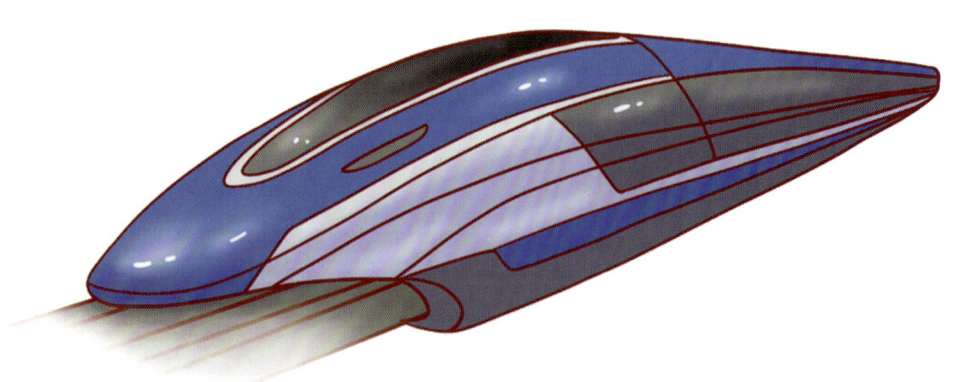

轨道交通领域电磁场测试的基础标准 IEC 62597 中规定,电磁场测试范围为 0～20 千赫。标准规定的限值参考 IEC 62597 的规定。

高速磁浮列车在 0～20 千赫频段的磁场均低于标准限值,全频段各频率电磁场与标准限值相比,最高占比不超过 10%。

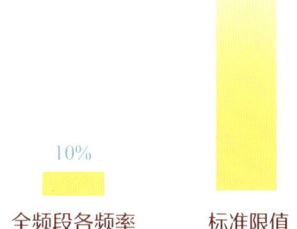

大家都知道,分贝(dB)是一种计量单位,用于度量声音强度。

分贝测量仪!

10分贝

80分贝

70分贝

100分贝

110分贝

140分贝

高速磁浮列车与轨道无直接接触,机械噪声本身较小。此外,采用了最优的方案解决噪声问题:针对车厢外噪声,轨道两侧设置专门的声音屏障;针对车厢内噪声,采用分频段控制,加强内饰降噪。

车厢外噪声必须满足GB12525等声排放标准要求。

列车与轨道不直接接触

声音屏障

噪声控制

分频段控制

内饰材料降噪

车厢内噪声控制在70～80分贝,也就是介于大声说话和一般汽车行驶噪声之间。

"电"与"磁"的故事

1820年,奥斯特(H. Oersted)发现,通电导线下方的小磁针偏转了一下。这一现象就称为电流的磁效应,它将电与磁联系了起来。

不久之后,受到奥斯特发现的启发,法拉第(M. Faraday)认为,假如磁铁固定,通电导线可能会运动。

根据这种设想,他成功发明了一种简单的电磁旋转实验装置。只要有电流通过导线,导线就会绕着固定的磁铁不停地转动。这其实就是世界上第一台电动机。

他推断说,也许稳定的磁场也能产生稳定的电流。他做了很多试验,最终发现事实并非如此。

在法拉第还在反复试验的十年间,电磁铁诞生。

1825年,斯特金(W. Sturgeon)在一根U形铁棒上绕了18圈裸铜线。当铜线与电池接通时,铜线圈就产生了密集的磁场,使U形铁棒变成了一块"电磁铁"。

这块"电磁铁"能吸起比自己重20倍的铁块。当电源切断时,U形铁棒就失去了磁力。

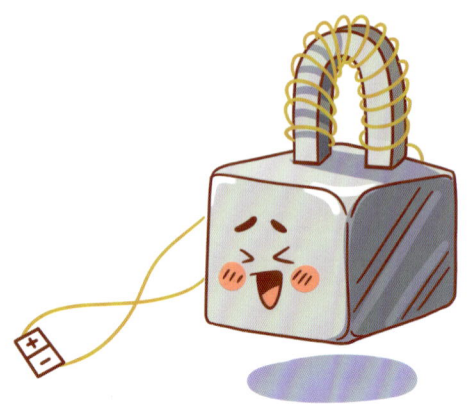

1829年,亨利(J. Henry)对电磁铁装置进行革新,用绝缘导线代替裸铜线。这样就不必担心铜导线过分靠近造成短路。线圈密集绕在一起,大大提高了电能转化为磁能的能力。

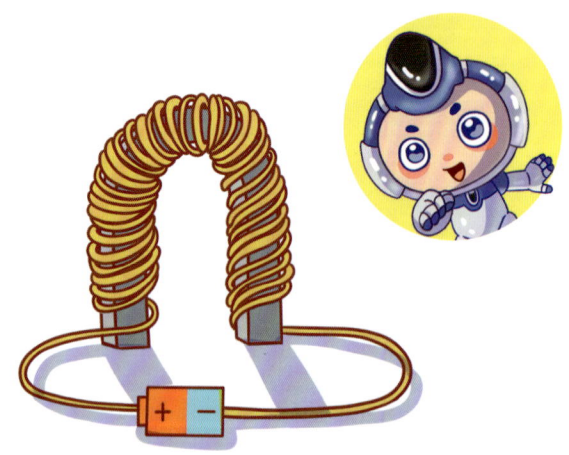

1831年,一块体积不大的电磁铁可以吸起1吨重的铁球。

1吨重

同年,法拉第发现,当一块磁铁穿过一个闭合电路时,电路中就会有电流产生。这就是电磁感应现象。法拉第意识到,变化的磁场导致电流产生。

法拉第根据大量实验结果总结出电磁感应定律,阐明了磁生电的科学原理。他进而得到产生交流电的方法,并发明了圆盘发电机。

真是太棒了!

人类终于有电动机和发电机了!

耶耶耶!

从此往后,科学家们持续进行革新,新型发电机与电动机不断涌现。发展到一定阶段后,发电机与电动机合二为一,性能和效率也不断得到提升。

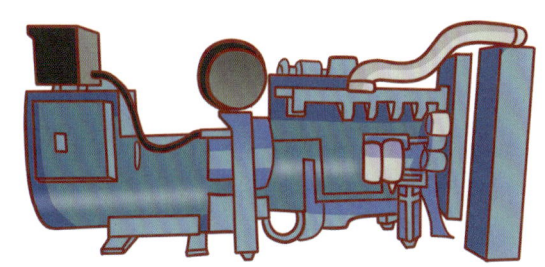

其中,还伴随着直流电与交流电发展、竞争、融合的故事。

1887年,特斯拉(N. Tesla)进行旋转磁场的研究和试验,发明了交流电动机。交流电动机根据电磁感应原理制成,又称感应电动机,被广泛应用于家庭电器中。

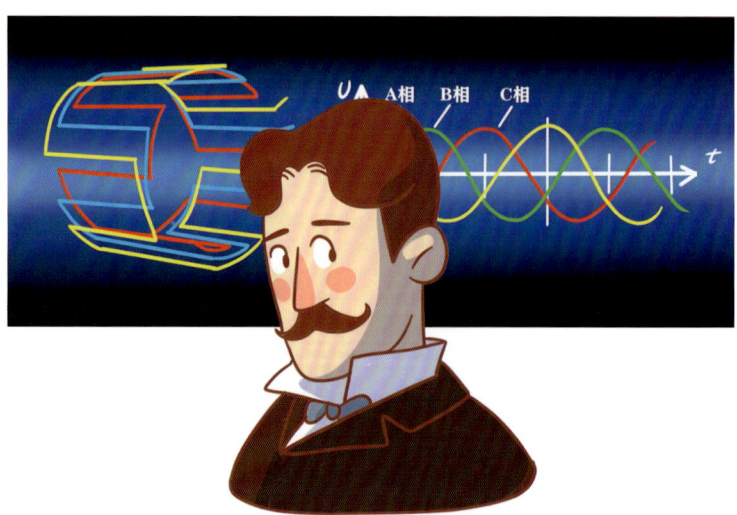

1888年,俄国工程师提出采用三相制的建议,证明三相交流电也可以产生旋转磁场,并制成三相鼠笼式异步电动机。

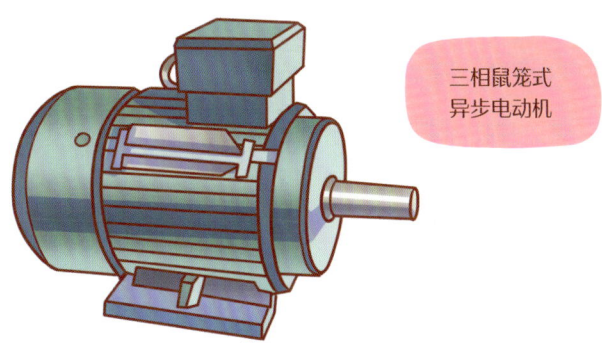

三相鼠笼式异步电动机

19世纪60年代末,电力得到广泛应用,第二次工业革命开始,人类进入电气时代。

没错,嘿嘿……

我们历史课上学过这个。

"电"与"磁"的故事

1922年,肯佩尔(H. Kemper)提出电磁悬浮原理。

磁铁
电磁线圈
悬浮物
电磁和控制调节系统
电动机

直线电动机产生的垂向电磁力使得列车悬浮在轨道上;产生的切向电磁力牵引列车运行。

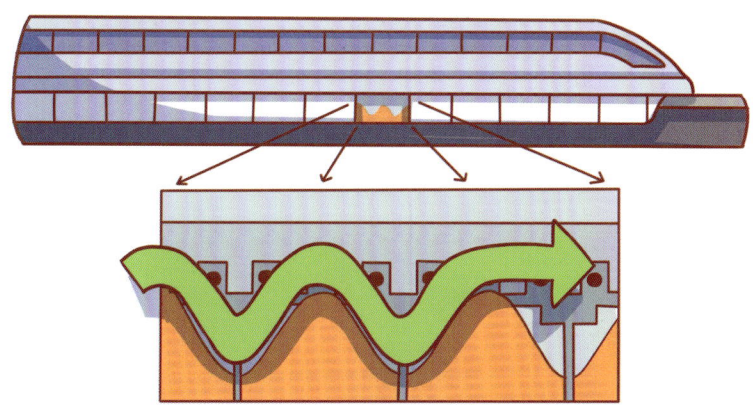

经过长期探索,常导电磁吸力式悬浮导向及长定子直线电机牵引的技术路线逐渐成熟。

了解了电、磁、悬浮理论和技术的发展,就能逐步明白我从哪里来了。

原来凝聚了这么多代科学家的智慧结晶!

接下来,将真正带你们进入我的世界,了解我的秘密呦!

好期待啊!

高速磁浮列车是怎么"浮"起来的

高速磁浮列车是怎么"浮"起来的

还记得前面提到的电磁铁么?

你是怎么悬浮起来的呢?

在一根铁棒上缠绕铜线并接通电源,铜线圈就产生了磁场,使铁棒变成了一块"电磁铁",可以吸起钉子等小的金属物品。

好神奇!

哇!

高速磁浮列车的悬浮力正是来源于电磁铁与轨道功能件之间的电磁吸力。悬浮电磁铁采用的就是铝箔绕铁芯的结构，与物理课上的试验原理相同。

高速磁浮列车与轨道的
关系示意图

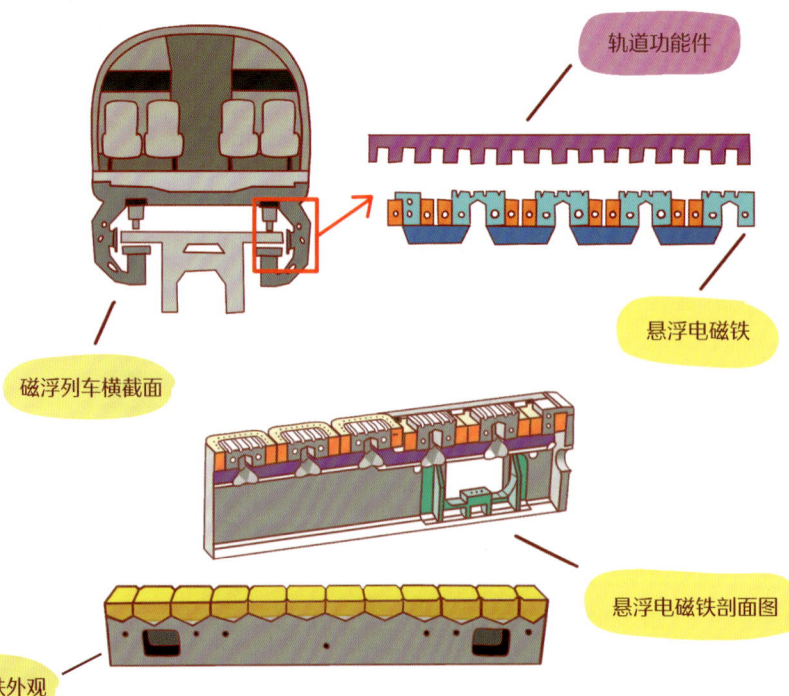

轨道功能件

悬浮电磁铁

磁浮列车横截面

悬浮电磁铁剖面图

悬浮电磁铁外观

高速磁浮列车是怎么"浮"起来的

以下是两种传统列车轮轨接触模式。

我们可以把列车想象成一条卧在轨道上的巨龙。

电磁铁不通电时,龙就安静地卧在轨道上。

一通电,电磁铁与轨道之间就产生了电磁吸力。电磁吸力经过龙的手掌和胳膊传递到身体,整条龙就悬浮起来。

我准备好了呦!

此处巨龙列车的身体与轨道的关系如下图所示。

悬浮间隙10毫米

高速磁浮列车是怎么"浮"起来的

列车重量一定时,电流强度与悬浮间隙成正相关:悬浮间隙越大,所需的电流越大;悬浮间隙越小,所需的电流越小。

10毫米的悬浮间隙是综合考虑电流大小、运行安全等因素定下的最佳间距。

如果我在车上跳,列车会不会晃来晃去啊?

还真是一个可爱的问题呢!是不是大家都好奇这个稳定性问题是怎么解决的呀?

每节车厢配备了16个悬浮电磁铁，单个悬浮电磁铁的悬浮力大约是4.5吨，因此每节车厢的总承载力超过72吨。

请放心，我们是超级稳定可靠的噢！

嘿嘿，我就是好奇问问……

但是也请不要在车上乱跳乱跑，会打扰到其他乘客！

高速磁浮列车是怎么"浮"起来的

列车配备了监测间隙的传感器,精度可达 ±1毫米。同时,还配备了超高性能的控制器,通过接收传感器的信息来判断、控制电流大小,以此保证悬浮电磁铁与轨道之间的动态平衡,整个系统的实时程度可达毫秒级。

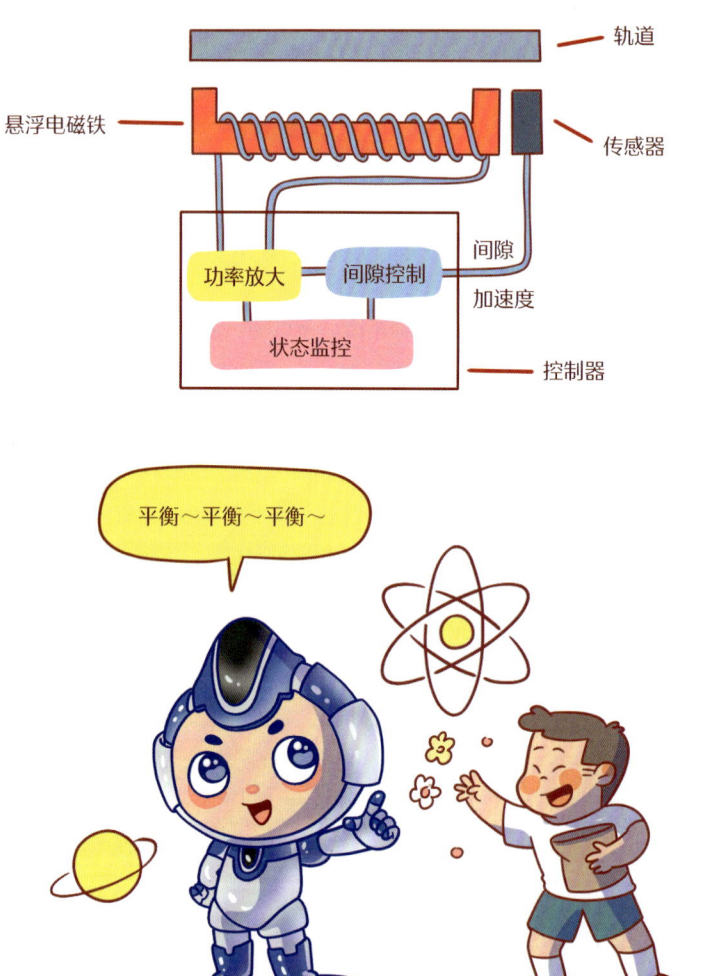

高速磁浮列车"贴地飞行"的秘密

高速磁浮列车"贴地飞行"的秘密

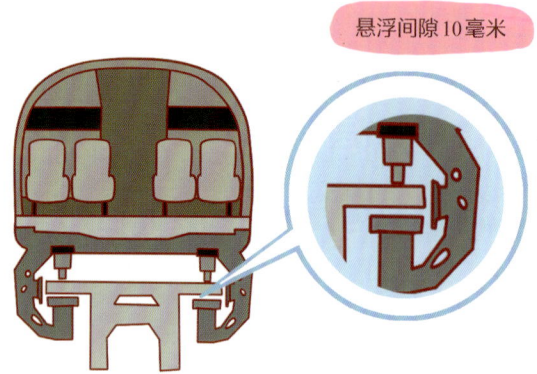
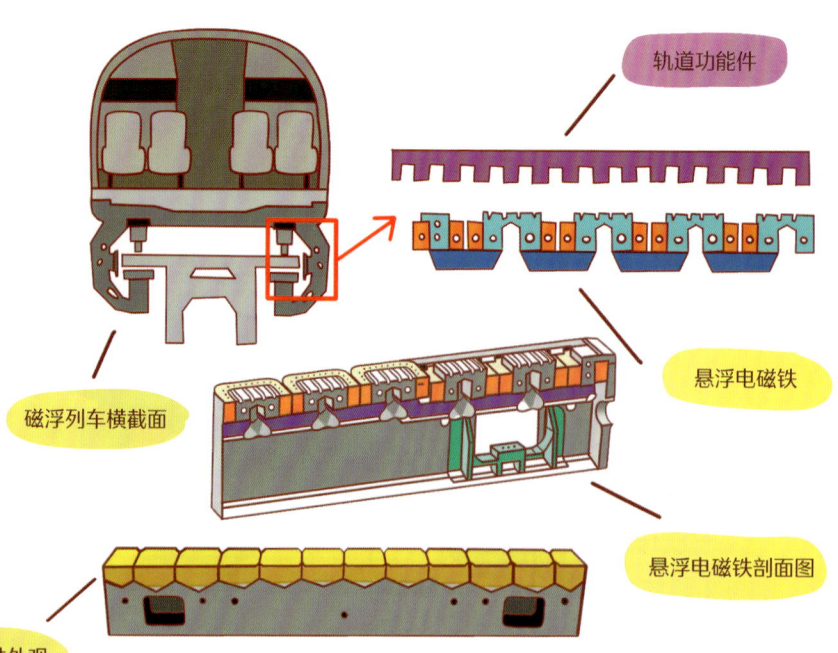

列车浮起来后,要怎么往前行呢?

提问

列车驱动力来源于直线电动机。直线电动机可视为将旋转电动机沿直线展开,定子铺设于轨道,转子为悬浮电磁铁。

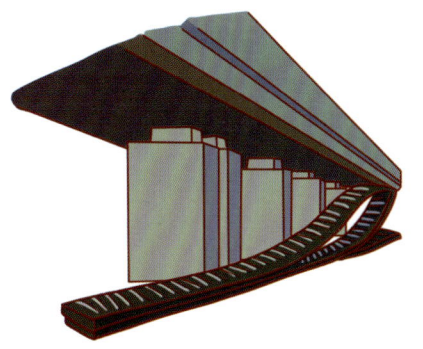

直线电动机

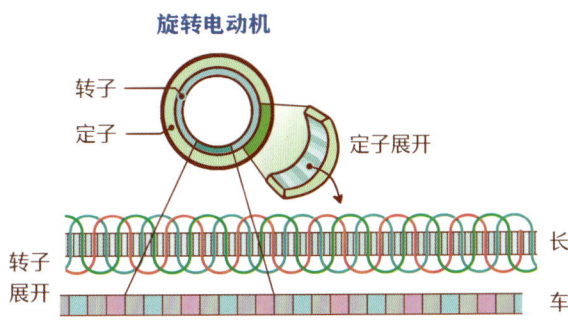

旋转电动机
转子
定子
定子展开
转子展开
长定子
车载动子
直线电动机

把旋转的圆形电动机平铺在轨道上,这样就能使列车向前运行啦。

我飞起来的原动力由牵引供电系统提供!

那么你飞行的能量来自哪里呀?

高速磁浮列车"贴地飞行"的秘密

牵引供电系统安置在地面,而不是放置在列车车体上。

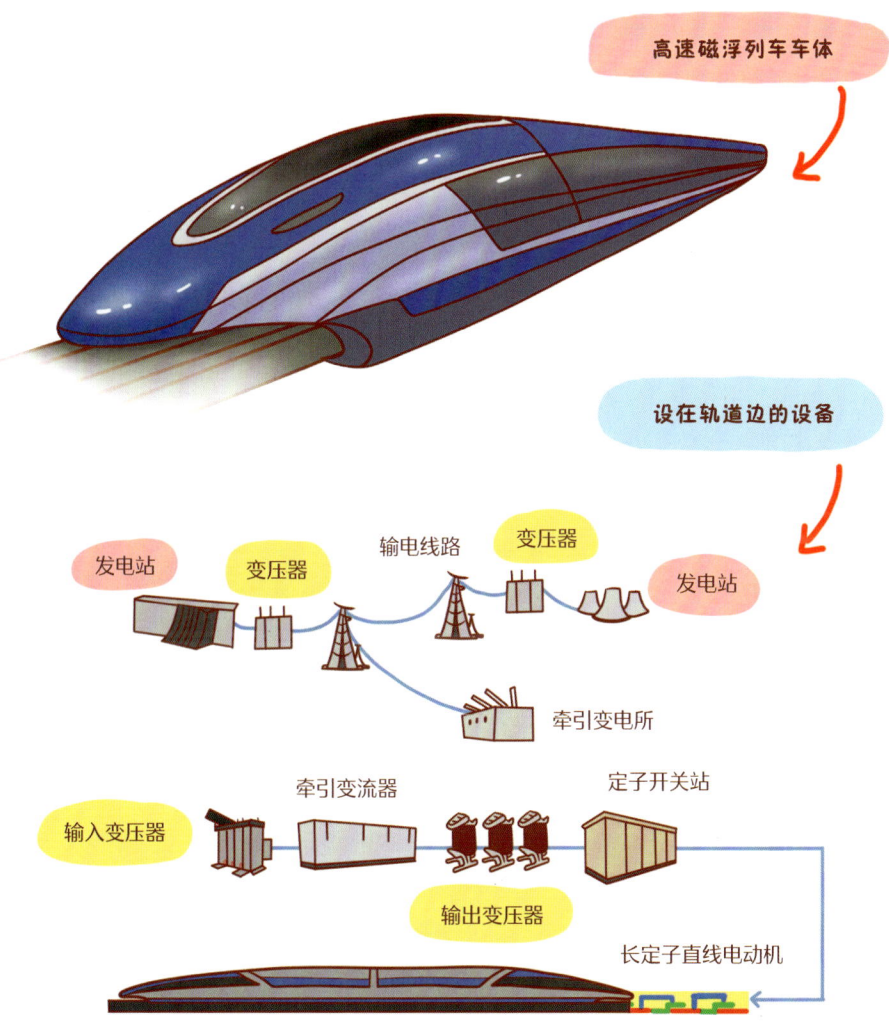

高速磁浮牵引供电方式

首先,从110千伏的公用电网引入交流高压电。

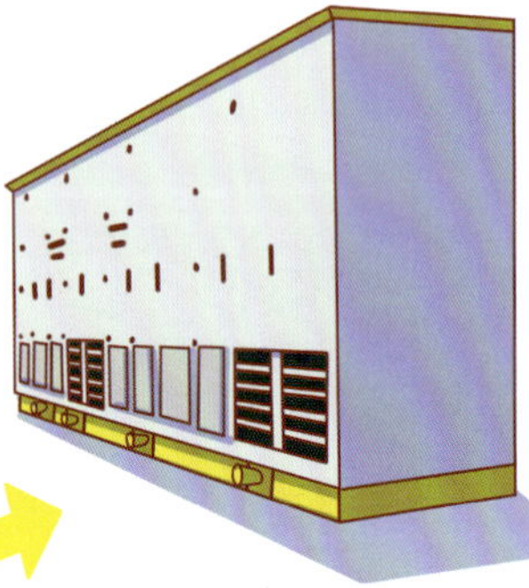

牵引变流器将电能整流为直流电,再逆变为幅值、相位、频率可调的0～323赫三相交流电。

输出变压器

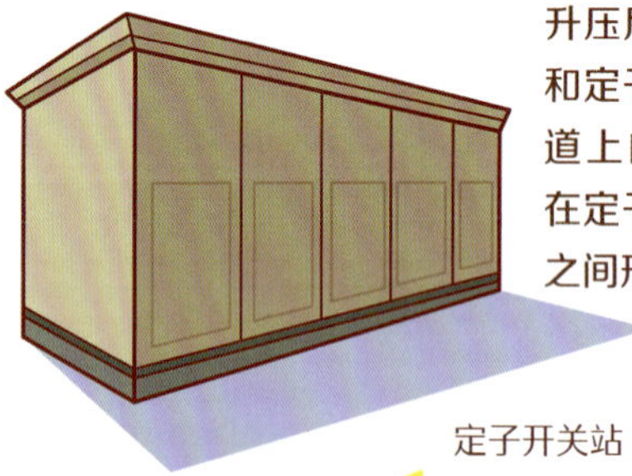

一级降压

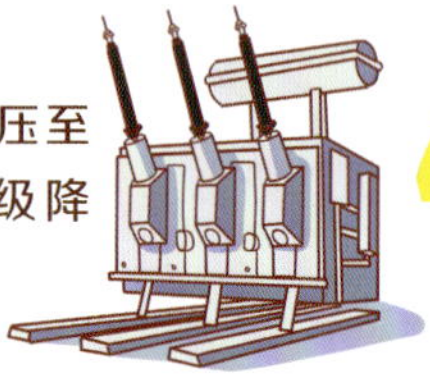

通过一级降压至35千伏,二级降压至3千伏。

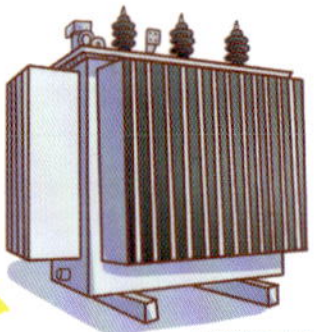

二级降压

升压后通过馈电电缆和定子开关站供给轨道上的长定子线圈,在定子和车载电磁铁之间形成牵引力。

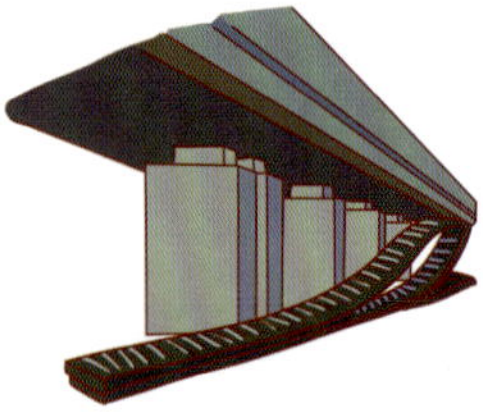

定子开关站

大功率的IGCT变流器是我的动力"芯脏",可以输出高频、高电压、大电流的电能,单机容量可达24兆伏安。

就像我们刚刚看到的运动员,轻松上阵,当然更高更快更强啦!

我是鸭梨山大!

哎哟喂……

要给整条磁浮线路供电,供电系统的压力会很大吧?

放心啦,高速磁浮采用的是分段+换步的供电方式。

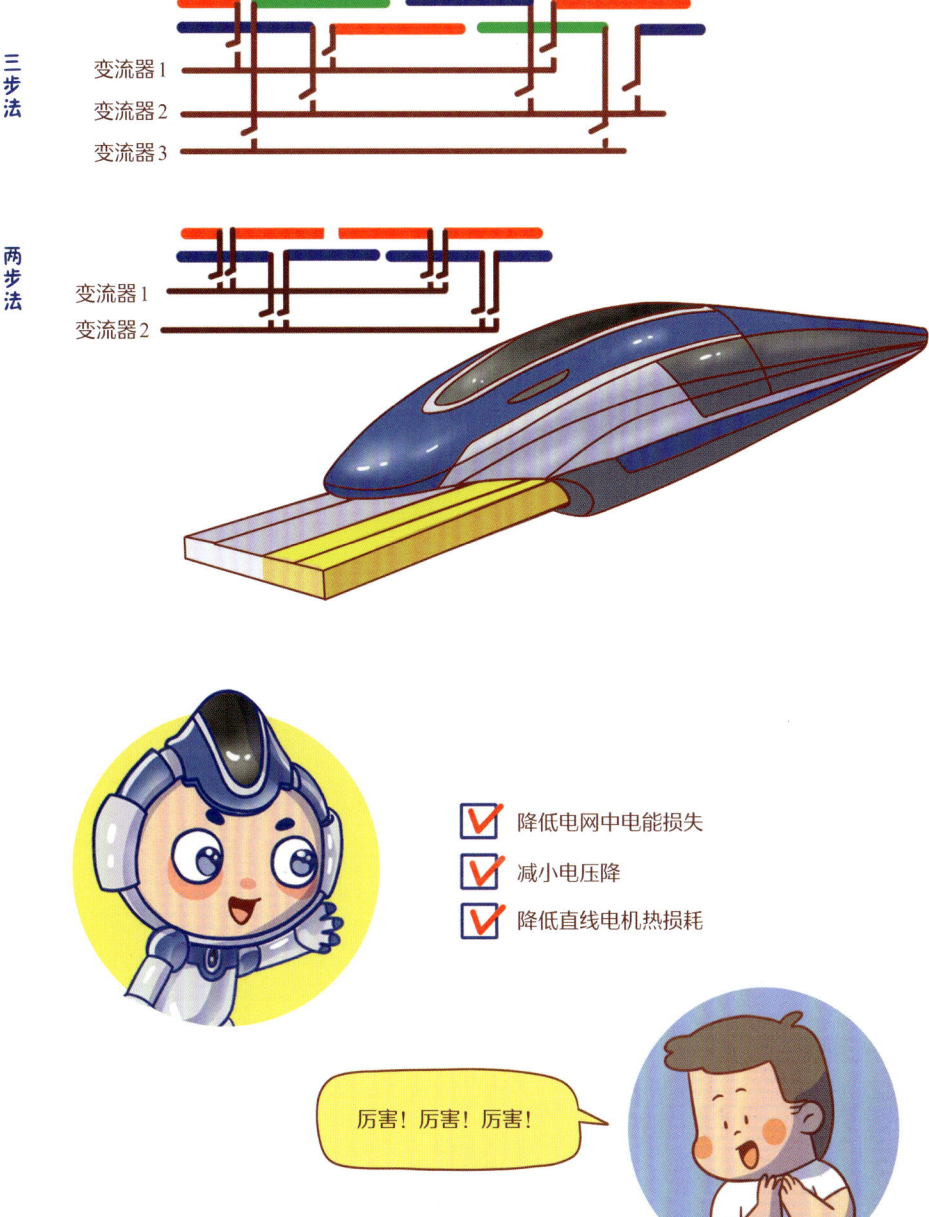

我的高速磁浮牵引能克服5～10编组车辆在时速600千米低空飞行时产生的阻力呦！

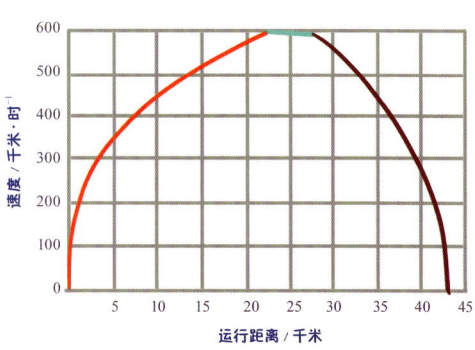

高速磁浮列车"贴地飞行"的秘密

高速磁浮列车的"转弯绝技"

猎豹有着惊人的速度和爆发力。

它们还有一个很厉害的本领,就是在高速奔跑的时候,能灵活改变奔跑方向。

转弯灵活的技能也让它们成为猫科动物里绝对的王牌猎手。

高速转弯也是许多竞技体育项目制胜的关键。

那你时速达到600千米时,遇到转弯,是不是也有特殊的处理方法呢?

当然啦,这可是我独有的转弯绝技噢!

高速磁浮列车的"转弯绝技"

高速磁浮列车采用电磁导向方式,原理与悬浮类似,通过电磁力使车辆中心线与轨道中心线重合。与轮轨列车相比,相同的转弯半径下,高速磁浮列车的转弯速度更高。

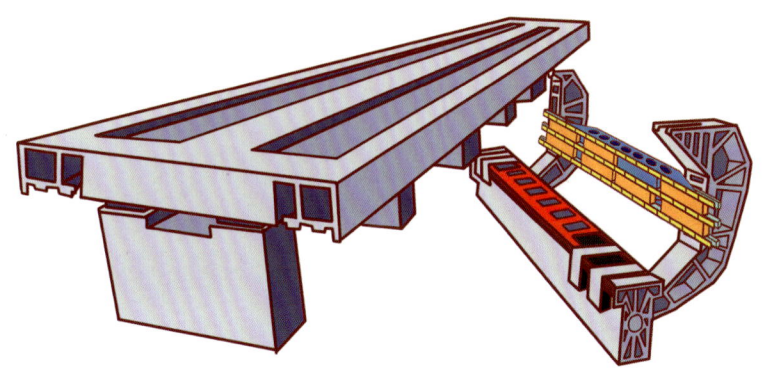

| 高速磁浮列车电磁导向原理示意图 | 轮轨列车机械导向原理示意图 |

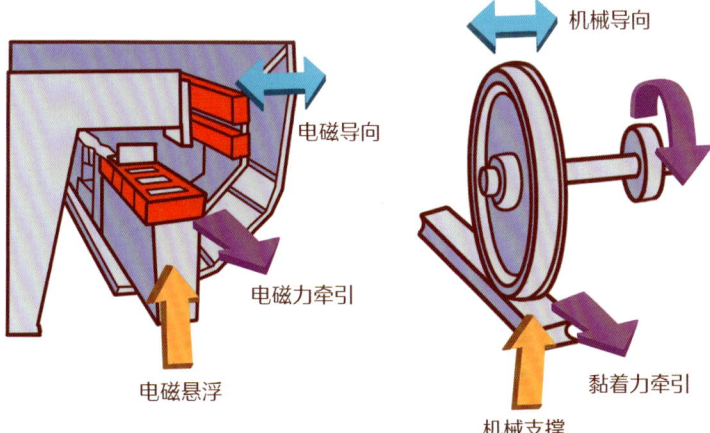

电磁导向　电磁力牵引　电磁悬浮

机械导向　黏着力牵引　机械支撑

引导高速磁浮列车转弯的导向力来自车辆导向电磁铁与轨道导向板之间的电磁吸力。

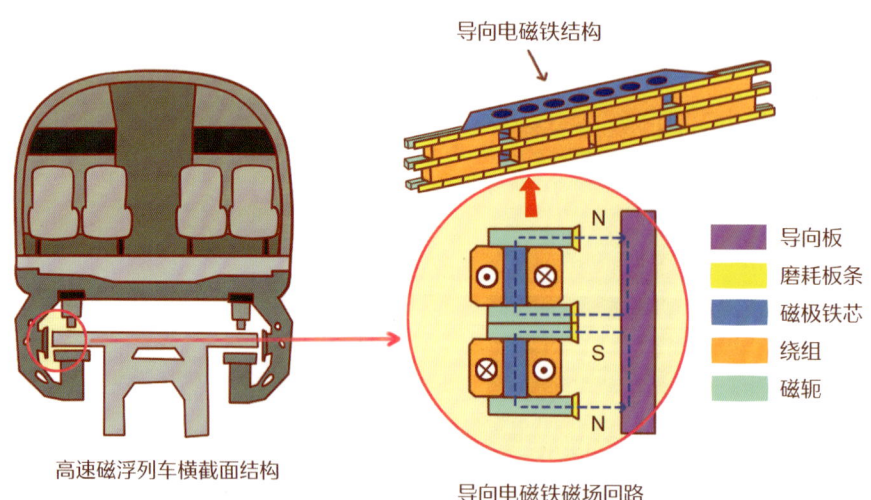

高速磁浮列车的"转弯绝技"

转弯的导向力来源于电磁场!

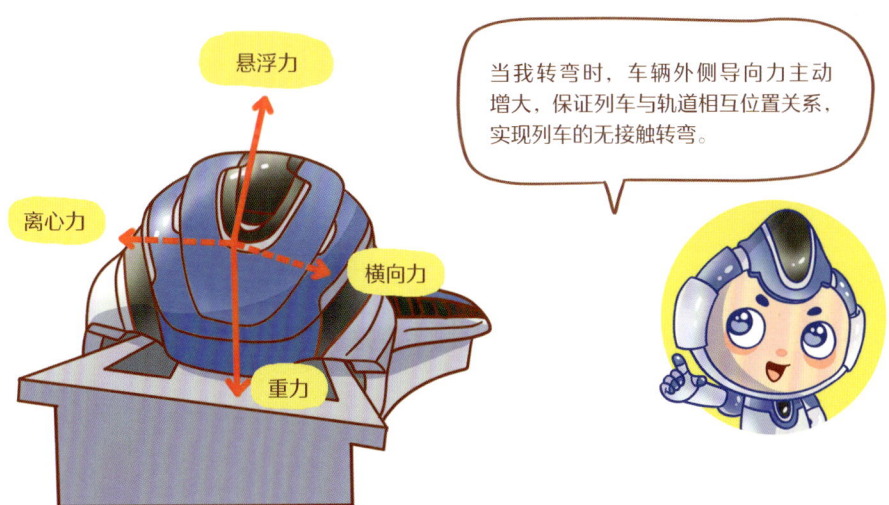

当我转弯时,车辆外侧导向力主动增大,保证列车与轨道相互位置关系,实现列车的无接触转弯。

离心力

离心力是一种虚拟力,是一种惯性力,它使旋转的物体有远离其旋转中心的趋势。

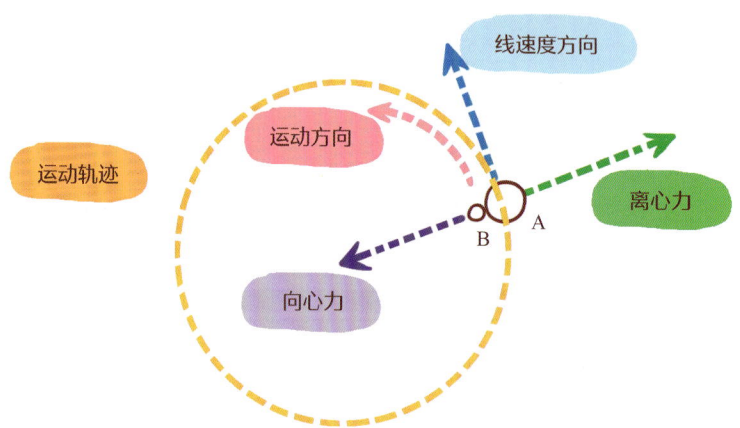

高速转向的时候,比如驾车快速转弯,我们会感到身体被一股强大的力量甩出去。

我的轨道在曲线段设计了较大的横坡角,使得重力分量能够平衡部分指向曲线外侧的横向力即离心力,令旅客乘坐的舒适性得到改善。

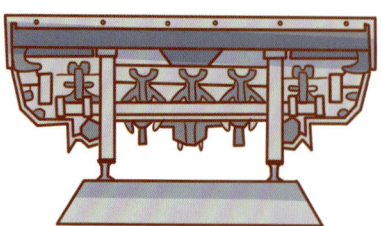
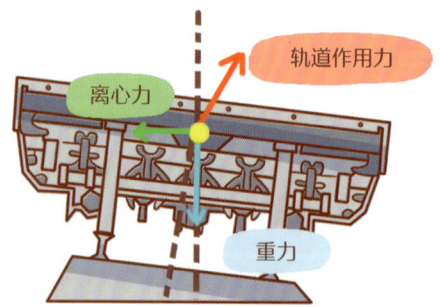
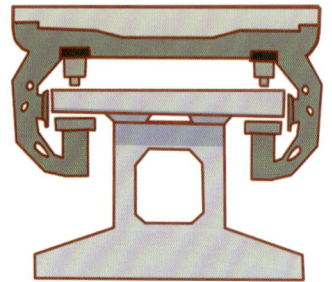
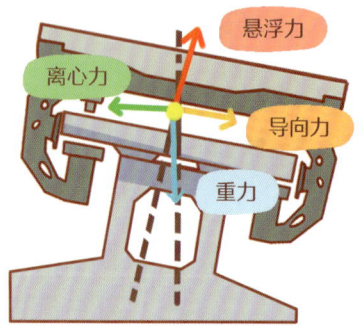

高速磁浮列车的"转弯绝技"

不好意思,我还有问题,你抱着轨,那么要怎样变道呢?

传统轮轨列车的变道是通过变换道岔来实现的。

嘿哟嘿哟!

同志们,加把劲儿呦!

早期,传统轮轨列车的变道需要工人们手动扳道岔,是相当辛苦的工作。

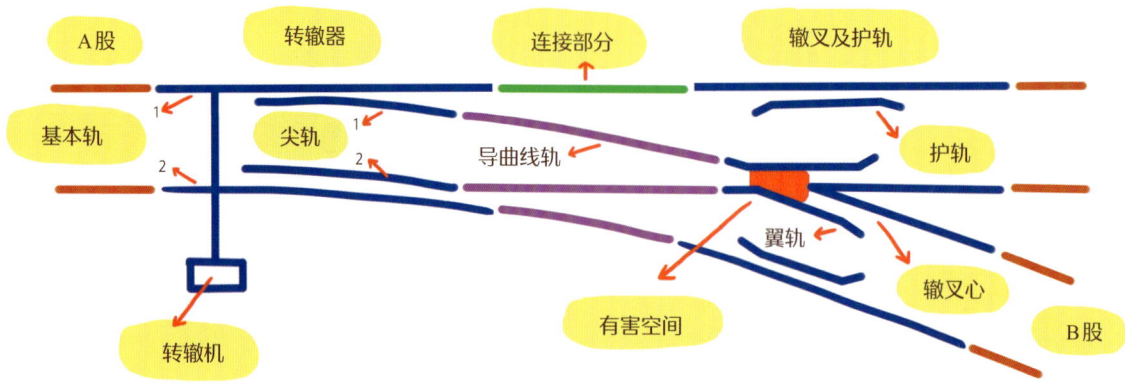

高速磁浮列车的"转弯绝技"

我的变道可大有学问!

高速磁浮列车也是通过轨道道岔实现变道的。但是它的道岔采用了钢梁结构。

通过电动机驱动,要变道的部分轨道整体弹性弯曲,随即转动、对接、锁定,最终完成变道。

各部门注意,开始变道!

高速磁浮列车的"转弯绝技"

高速磁浮列车道岔结构示意图

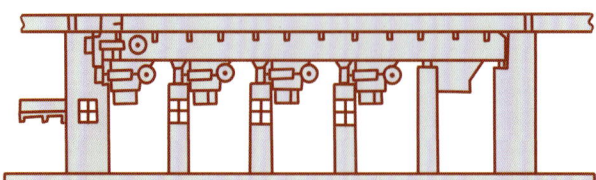

侧视图

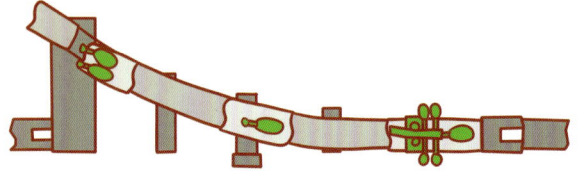

俯视图

灵活转弯,变道自如,飞驰跨过大江大河、人山人海。快来跟我一起体验速度与激情吧!

揭秘高速磁浮列车"一场多途"的核心力量

秋高气爽,高速磁浮小子和朋友相约去爬山。

揭秘高速磁浮列车"一场多途"的核心力量

超强能量

我的超强能量,就来源于"一场多途"的力量核心!

列车驱动力来源于直线电动机。直线电动机可视为将旋转电动机沿直线展开，定子铺设于轨道，转子为悬浮电磁铁。定子、悬浮电磁铁之间的磁场产生的垂向力用于悬浮，产生的切向力用于牵引。

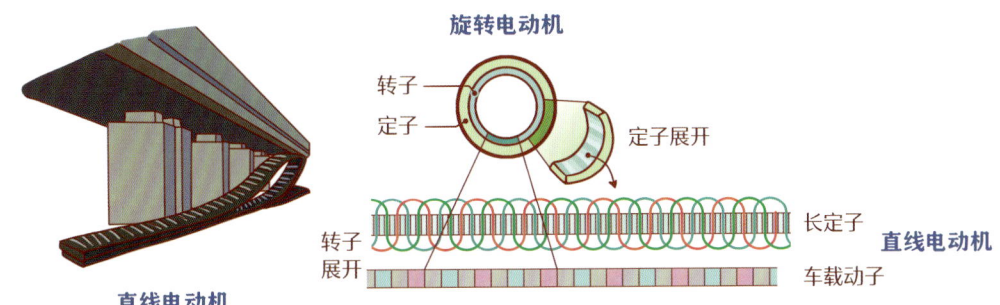

直线电动机

旋转电动机
转子
定子
定子展开
转子展开
长定子
车载动子
直线电动机

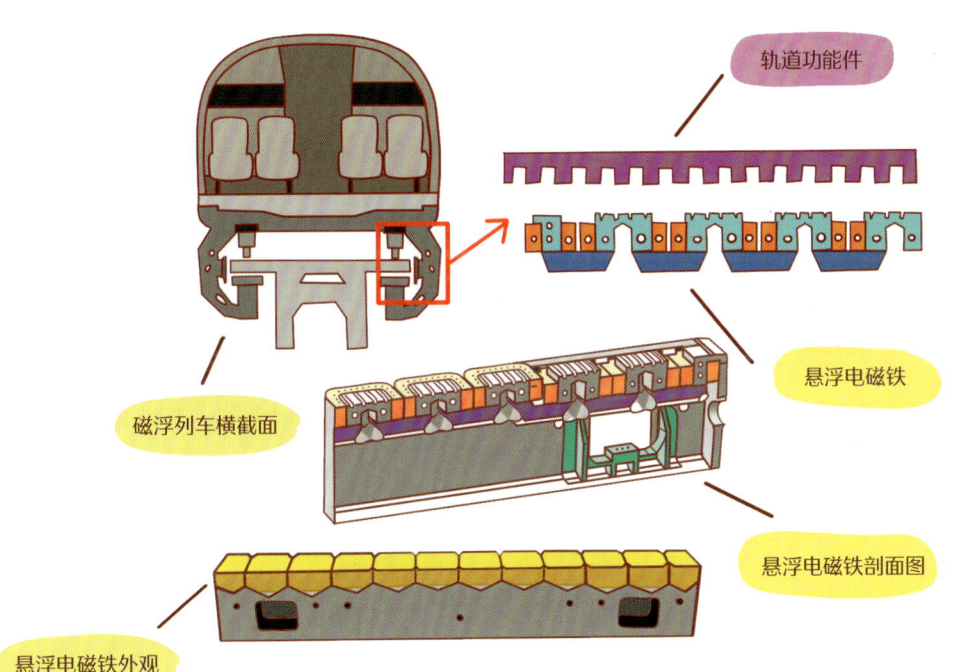

磁浮列车横截面

轨道功能件

悬浮电磁铁

悬浮电磁铁剖面图

悬浮电磁铁外观

> 飞行的能量来自于地面的牵引供电系统,那么悬浮在轨道上的我是怎么供电的呢?其实,我的供电模式分为高速和低速两种。供电方式与轮轨列车有所不同。

低速运行　高速运行

高速磁浮列车低速运行时,有两种供电方式。一种是无接触感应供电,另一种是受流轨接触供电。无接触感应供电的主要优点是通过电磁耦合进行电能传输,具备无摩擦、低噪声、维护量小等特点。受流轨接触供电与高铁受电弓供电类似,都是通过机械接触将地面电能传递至车辆。

低速段供电方式

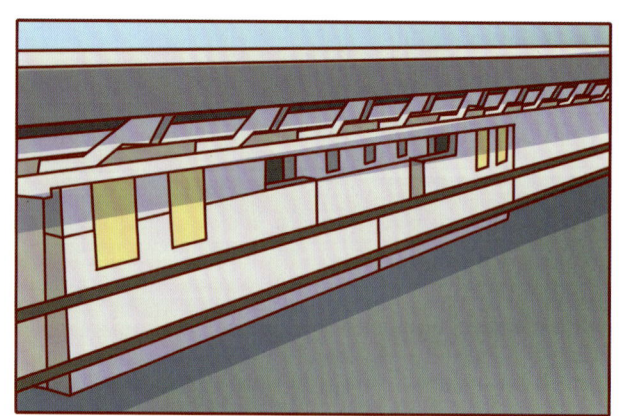

低速运行时的高速磁浮列车

揭秘高速磁浮列车"一场多途"的核心力量

无接触感应供电就是地面的初级线圈与车辆的次级线圈通过电磁感应,将地面电能传递到车辆,实现低速无接触运行。

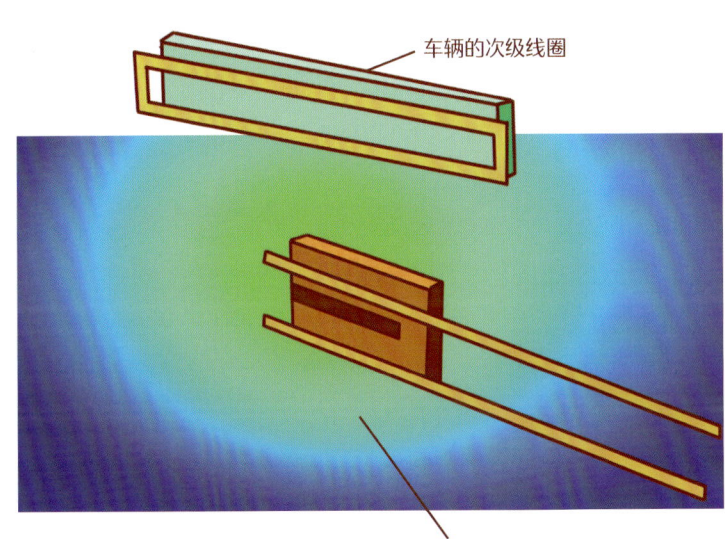

车辆的次级线圈

地面的初级线圈

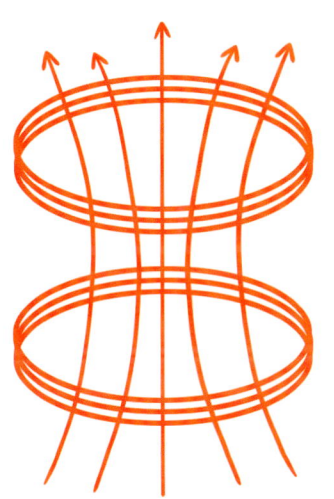

无接触感应示意图

高速磁浮列车高速运行时,采用直线发电机发电。直线发电机位于实现悬浮与牵引功能的磁场中,通过电磁感应,将地面电能传递到车辆上,真正实现悬浮。

高速运行时的高速磁浮列车

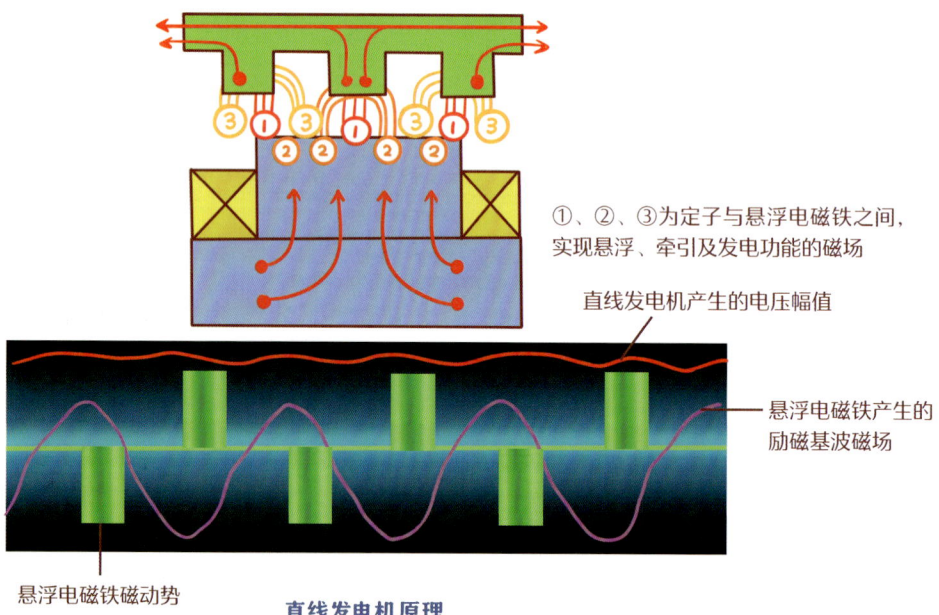

①、②、③为定子与悬浮电磁铁之间,实现悬浮、牵引及发电功能的磁场

直线发电机产生的电压幅值

悬浮电磁铁产生的励磁基波磁场

悬浮电磁铁磁动势

直线发电机原理

揭秘高速磁浮列车"一场多途"的核心力量

悬浮电磁铁磁极示意图

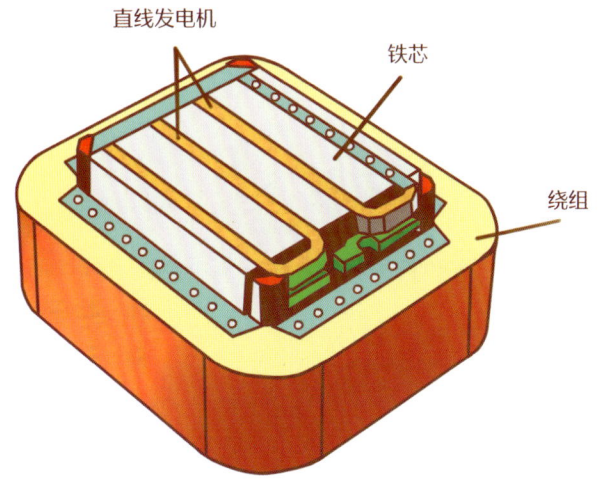

那么刚才你说的"一场多途"又是什么意思呢?

简单来讲,就是磁浮列车产生的磁场,既能悬浮列车,又能牵引前进,还能发电!

揭秘高速磁浮列车"一场多途"的核心力量

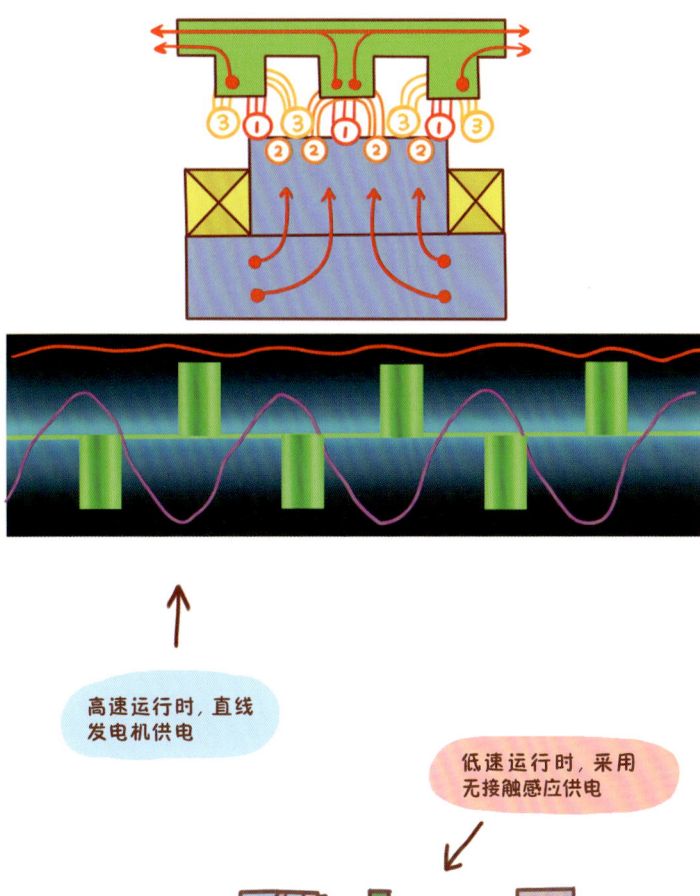

高速运行时,直线发电机供电

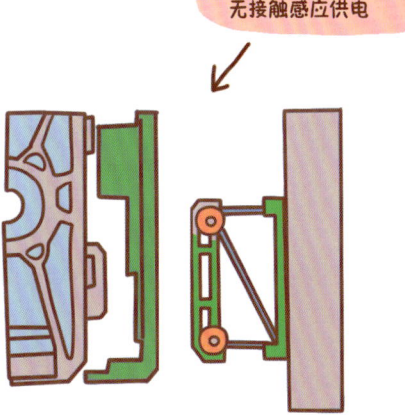

低速运行时,采用无接触感应供电

列车产生的电能，经过升压斩波器处理后，传递给车载电网。

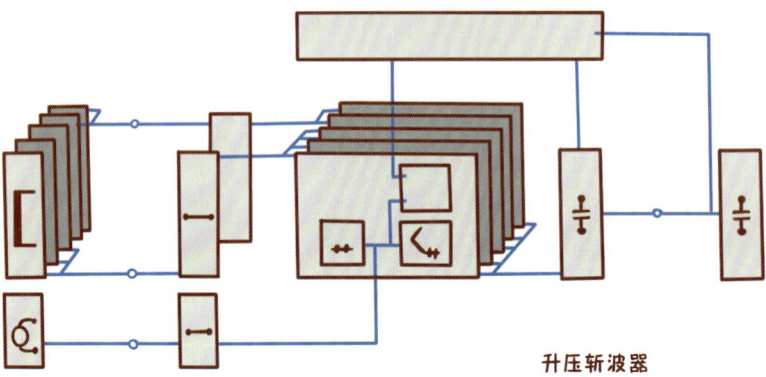

升压斩波器

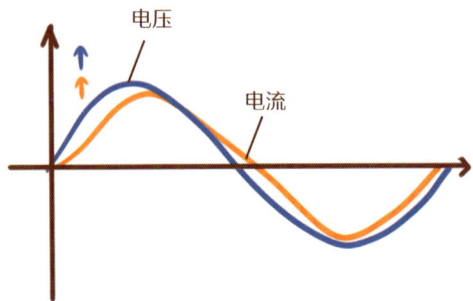

电压

电流

根据不同应用需求，车载电网的电能被转化为不同制式。

转化前,车载电网电压为直流500伏。根据需求,可转化为直流440伏、交流220伏、交流380伏、交流230伏、直流24伏,分别给悬浮导向、插座、空调、压缩机、照明等车载设备供电。

变压前

变压后

揭秘高速磁浮列车"一场多途"的核心力量

高速磁浮列车这么快,怎么刹车

高速磁浮列车这么快,怎么刹车

今天,高速磁浮小子和好友来到了室内冰场滑冰。

高速磁浮列车这么快,怎么刹车

高速磁浮列车这么快,怎么刹车

两个相互接触并挤压的物体,当它们发生相对运动或具有相对运动趋势时,接触面就会产生阻碍相对运动或相对运动趋势的力,这种力叫做摩擦力。

生活中常见的摩擦力

鞋子与地面的摩擦力

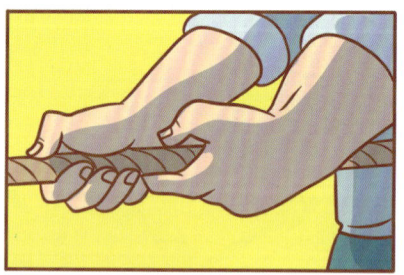

拔河时,手与绳子的摩擦力

轮胎与地面的摩擦力

高速磁浮列车这么快，怎么刹车

其实，传统轮轨列车的制动也与摩擦力有紧密的关系呦！

轮轨列车的制动卡钳与车轮上制动盘间产生机械摩擦，从而实现制动。

那么我就来展开讲讲!

可是你不与轨道直接接触呀,那么是如何制动呢?

通俗地讲,制动也叫刹车。其实我有独特的刹车方法,分常规刹车和紧急刹车两种。

常规刹车

紧急刹车

磁浮列车常规刹车采用电制动方式，即通过电磁作用将车辆的机械动能转化为电能，电能消耗或回馈电网，就能实现降速刹车。

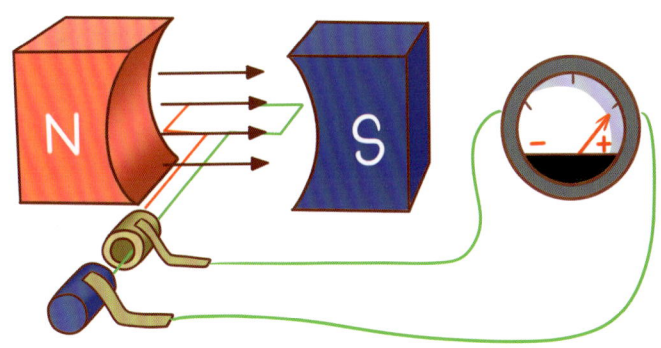

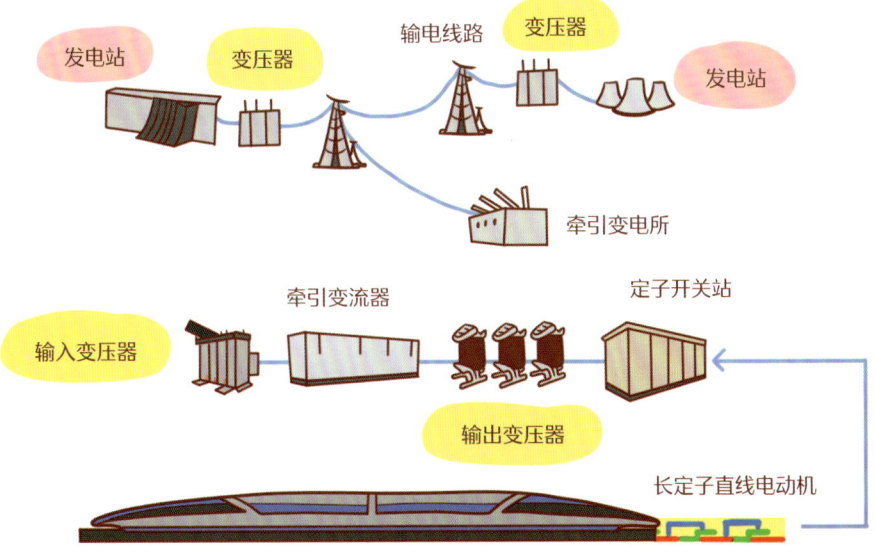

高速磁浮牵引供电方式

当紧急情况发生时,我会启动紧急刹车,保证安全停车!

当时速高于220千米时,涡流制动力实现刹车;
当时速低于220千米时,涡流及摩擦制动力实现刹车;
当时速低于5千米时,滑橇摩擦制动力实现刹车。

当列车时速高于220千米

高速磁浮列车这么快，怎么刹车 133

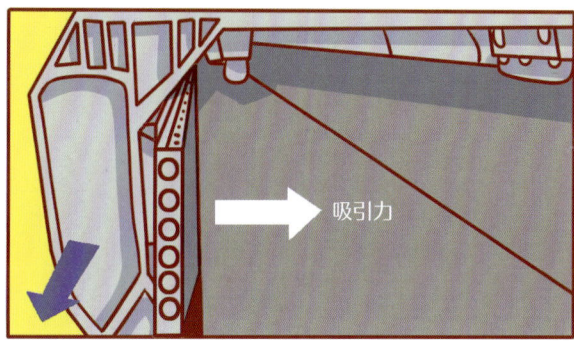

涡流制动力

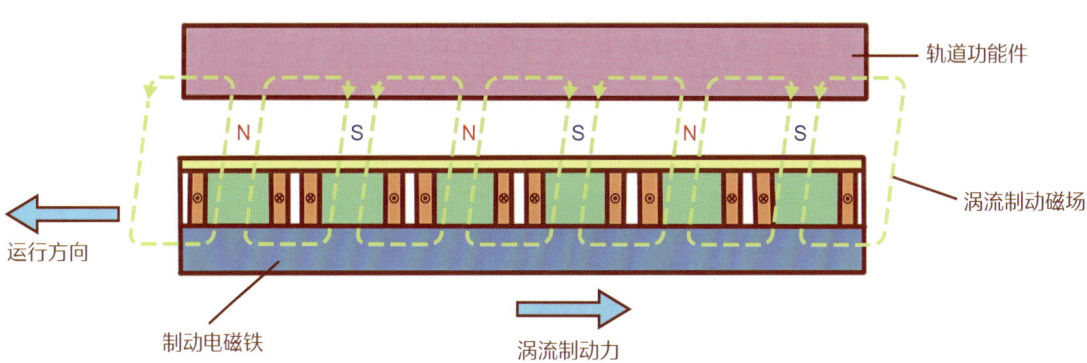

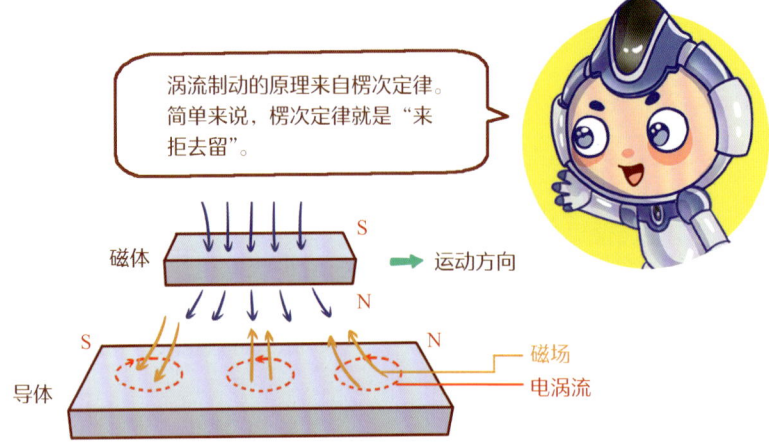

涡流制动的原理来自楞次定律。简单来说,楞次定律就是"来拒去留"。

"来拒去留":磁体经过导体时,磁体的磁场切割导体,在导体内感应产生电涡流及磁场,磁体前方的导体内感应的磁场极性与磁体极性相同,二者相互排斥,阻碍磁体运动,此为"来拒";磁体后方的导体内感应的磁场极性与磁体极性相反,二者相互吸引,也会阻碍磁体运动,此为"去留"。

感应电流产生的磁场总要阻碍引起感应电流的磁通量的变化。

追求超越,更为您的安全保驾护航!

高速磁浮列车这么快,怎么刹车

高速磁浮，高度智能

高速磁浮小子和朋友在看一场精彩的科幻电影。

要知道我们正处在万物互联的时代,科学家们早就开始搞研发啦!

你刚刚在电影里看到了高度智能化的人机交互,我们高速磁浮列车可以说与它不相上下呢!

高速磁浮系统以乘客为本、以用户为中心,作智能技术应用顶层规划和系统部署,从智能行车、智能服务、智能运维三个方面实施。

高速磁浮，高度智能

智能行车

智能服务

智能运维

智能行车

按照国际标准IEC 62290，列车运行自动化水平分为4级。高速磁浮列车实现了时速600千米的GoA3全自动运行。

什么是GoA3啊？

列车运行自动化水平一览表

运行自动化水平	列车运行类型	列车运行调整	线路监测	开关车门	干扰事件下运行
GoA1	非自动列车运行（NTO）	司机	司机	司机	司机
GoA2	半自动列车运行（STO）	自动	司机	司机	司机
GoA3	有人值守下列车自动运行（DTO）	自动	自动	乘务员	乘务员
GoA4	无人值守下列车自动运行（UTO）	自动	自动	自动	自动

- 全自动运控系统
- 高速低时延车地无线传输
- 高精度高可靠测速定位
- 多系统协同控制
- 高速高精度牵引控制
- 高速下分区交接控制

智能服务

安全性

舒适性

便捷性

车地各系统信息共享、融合处理,使乘客体验更精准、高效、绿色的服务,提高他们旅行生活的品质。

高效、绿色的出行体验

精准、便捷的对应服务

车辆座椅设有智能显示屏,满足您旅途中上网娱乐需求!

智能运维

高速磁浮系统具有运行速度高、系统耦合高且复杂等特点。智能化运维服务是高速磁浮系统安全、高效、经济运营的重要保障。

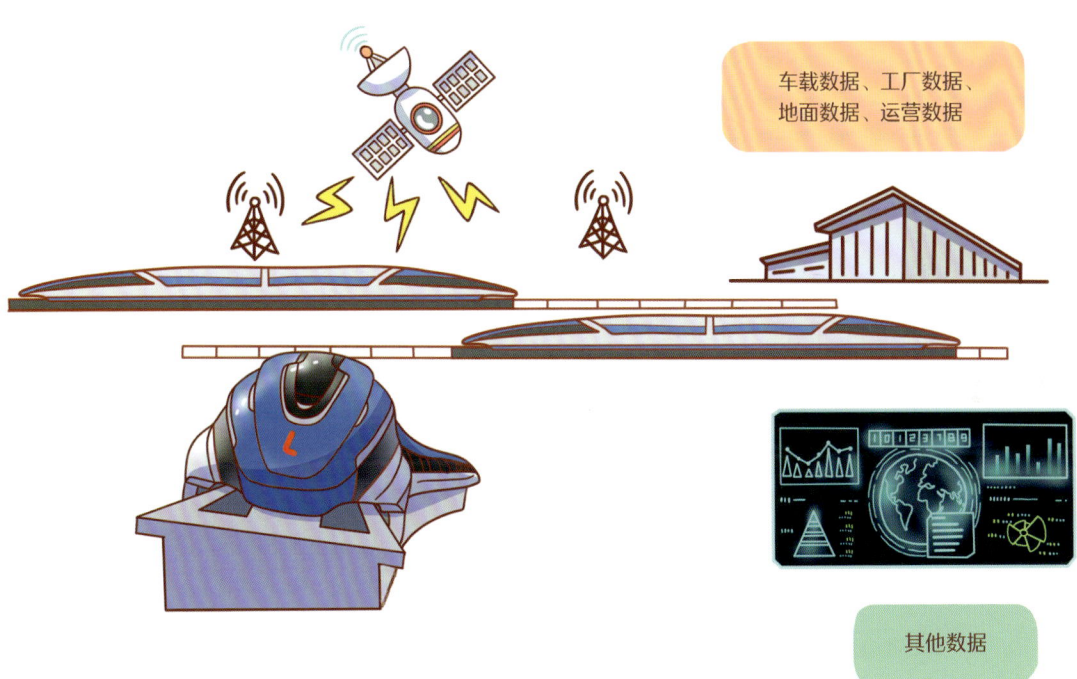

车载数据、工厂数据、地面数据、运营数据

其他数据

车地数据传输系统

高速磁浮系统有非常完善的自诊断系统,可以对所有的系统部件进行实时监控。

高速磁浮,高度智能

可以做到早感知、早预测、早处理。

融入基于大数据构建的高速磁浮智能运维平台,负责接收、处理、存储磁浮全系统及外接系统的状态和故障信息。

实时决策、计划，进行远程协同、一体化维护及配件管理，实现智能运维。

高速磁浮小子和好友正在玩VR游戏。

最早的运输工具是远古人为了将捕获的猎物方便地运回驻地而发明的。现在看来非常简单,只是将粗树枝用藤蔓连起来,猎物放在上面,用双手拖曳着向前行走。

17世纪,为了方便矿石运输,英国和德国的采矿主铺设了木制轨道。

第一次工业革命时期,英国人史蒂芬森(G. Stephenson)在1825年研制出"旅行者号"蒸汽机车,并在斯托克顿-达林顿之间的铁路上做了开通试验和运行。蒸汽机车的时速可达80千米以上。

第二次工业革命时期,在德国诞生了内燃机车(1896年)和电力机车(1879年),其运行时速可达160千米。

当时内燃机车的时速可达160千米呢!

速度翻了一倍呢!

第三次工业革命时期,高速列车横空出世。1964年,世界上第一条高速铁路——日本新干线开通。列车的运行时速达到200千米。

中国机车车辆发展历程

 **探秘高速磁浮交通系统**

> 新中国成立之初,我们还不具备机车车辆自主制造能力。

万国机车博物馆

当时我国可统计的机车分别出自

9个国家

30多家工厂

机车型号多达

198种

所以才有了"万国机车博物馆"的说法。

为了打破这种窘境,结束"能修路不能制造火车"的局面,中国铁路人走上了举步维艰的自主创新之路。

1952年，四方工厂制造的中国第一台八一号蒸汽机车开启了中国自主设计制造火车的新时代。

今天是个好日子，心想的事儿都能成！

东方红型

韶山号

之后,东方红型内燃机车,韶山号电力机车,21、22、25等多个型号的客车陆续问世。

1978年,新干线列车首次为国人所知,高铁列车真正进入了中国老百姓的视野。

从1997年到2004年,中国铁路共实施了5次大提速,提速线路的运营时速达160千米以上。

5次大提速,时速达160千米以上

2004年,国务院批准《中长期铁路网规划》,"四纵四横"高铁蓝图全面铺开,铁路史上规模最大的引进、消化、吸收、再创新工程启动,中国高铁的创新发展之路开启。

我国已建成"四纵四横"的高铁干线网,正向"八纵八横"延展。

截至2022年年末,我国高铁运营总里程达到4.2万千米,居世界第一,占全球的2/3以上。在线运营的高铁列车超过3 460列,高速列车保有量同样占全球的2/3以上。

2017年9月21日,复兴号动车组在京沪高铁实现时速350千米商业运营。我国至此成为世界铁路商业运营速度最快的国家。

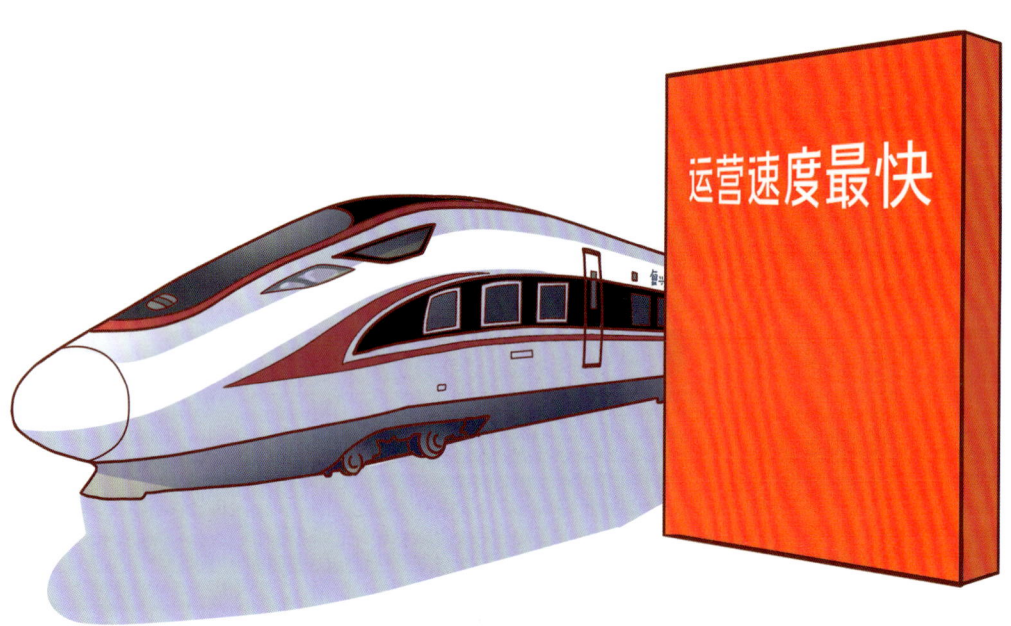

如今正处于以信息技术、人工智能、物联网、云计算、边缘计算、区块链为技术特征的5G时代。

高速磁浮列车的速度可达到每小时600千米!